BEI GRIN MACHT S
WISSEN BEZAHLT

- Wir veröffentlichen Ihre Hausarbeit,
  Bachelor- und Masterarbeit

- Ihr eigenes eBook und Buch -
  weltweit in allen wichtigen Shops

- Verdienen Sie an jedem Verkauf

Jetzt bei www.GRIN.com hochladen
und kostenlos publizieren

Bibliografische Information der Deutschen Nationalbibliothek:

Die Deutsche Bibliothek verzeichnet diese Publikation in der Deutschen National-
bibliografie; detaillierte bibliografische Daten sind im Internet über http://dnb.d-
nb.de/ abrufbar.

Impressum:

Copyright © 2012 GRIN Verlag, Open Publishing GmbH
Druck und Bindung: Books on Demand GmbH, Norderstedt Germany
ISBN: 9783668298149

Dieses Buch bei GRIN:

http://www.grin.com/de/e-book/340245/die-harmonie-zwischen-instruktion-und-
entdeckenlassen

Catherine Braun

Die Harmonie zwischen Instruktion und Entdeckenlassen

Abwägung von direkter Instruktion gegen entdeckenlassendes Lernen mit Wygotskis Theorie der proximalen Zone

GRIN Verlag

GRIN - Your knowledge has value

Der GRIN Verlag publiziert seit 1998 wissenschaftliche Arbeiten von Studenten, Hochschullehrern und anderen Akademikern als eBook und gedrucktes Buch. Die Verlagswebsite www.grin.com ist die ideale Plattform zur Veröffentlichung von Hausarbeiten, Abschlussarbeiten, wissenschaftlichen Aufsätzen, Dissertationen und Fachbüchern.

Besuchen Sie uns im Internet:

http://www.grin.com/

http://www.facebook.com/grincom

http://www.twitter.com/grin_com

Albert-Ludwigs-Universität Freiburg i. Brsg.
Institut für Erziehungswissenschaft
Sommersemester 2012
Seminar: Theoretische Grundlagen der allg. Didaktik & des Instructional
Designs

Die Harmonie zwischen Instruktion und Entdeckenlassen

Catherine Braun (2. Semester)

HF: Instructional Design/
Bildungsplanung
NF: Europäische Ethnologie

Abgabedatum: 27.08.2012

Inhaltsverzeichnis

1. Einleitung

In der Bibliothek findet man in der Abteilung Pädagogik/Psychologie eine unübersichtliche Vielzahl an Bücher über die verschiedenen Lehr- und Lerntheorien, über Diskussionen, welche nun die effizienteste ist. außerdem gibt es eine Vielzahl an Kritiken, wieso, weshalb und warum eine bestimmte Perspektive des Lehrens nicht zu empfehlen ist, und so fort. Daraus kann man eigentlich schließen, dass die eine tatsächlich von allen Experten anerkannte Ansicht nicht existiert. Wie auch? Bei den vielfältigen Lerninhalten, bei den bunten Zielgruppen, bei den heterogenen Lehrkräften. Bransford et al. (2002) pointierte einst:

> Nach der besten Unterrichtsmethode zu fragen ist wie nach dem besten Werkzeug zu fragen – Hammer, Schraubenzieher, Messer oder Zange. Beim Unterrichten wie beim Handwerken hängt die Auswahl der Werkzeuge von der Aufgabe ab und von den Materialien, mit denen gearbeitet wird.
> [Hasselhorn und Gold, 2006, S. 239 zitiert nach Bransford et al., 2000, S. 22]

In der Mannigfaltigkeit der Perspektiven ist mir eine besonders aufgefallen: das Entdeckenlassende Lehren. Diese entspricht in meinen Augen nicht dem typischen Muster des Unterrichtens. Gewiss ist es sinnvoll den Fokus nicht immer nur auf das Ergebnis zu richten, sondern auf den Prozess der Wissensaneignung. Aber ist das letztlich überhaupt möglich?

Aus diesem Grund stelle ich in dieser Arbeit zuerst eine der Kontrastperspektiven des entdeckenlassenden Lehrens vor – die direkte Instruktion – weil dies die gängigste Methode der Unterrichtsgestaltung konstituiert, und dann gehe ich erst darauf ein, was entdeckenlassendes Lehren eigentlich genau bedeutet. Anschließend folgt ein Abschnitt, in dem die Vor- und Nachteile der beiden Theorien aufgegriffen werden, um anlässlich der jeweiligen Stärken beider Perspektiven eine Mischform zu erörtern.

Der Hauptgedanke dieser Arbeit geht der Frage nach, wie viel Instruktion der Lernende benötigt und wie viel der Lehrende ihn selber entdecken lassen sollte. In anderen Worten lautet die Fragestellung: wie sollte der Lehrende Instruktion und Entdeckung dosieren, damit er weder zu viel, noch zu wenig verrät und es dennoch zu einer effektiven Wissenskonstruktion kommt? Mit Wygotskis Theorie der proximalen Zone wird ein Lösungsvorschlag formuliert.

2. Zwei differenzierende Lehrtheorien

Wie schon erwähnt, werden nun zwei gegenüberstehende Ansichten der Unterrichtsgestaltung etwas genauer betrachtet: zuerst die direkte Instruktion und danach das entdeckenlassende Lehren.

2.1 Direkte Instruktion

In der direkten Instruktion nimmt der Lehrende die aktive Rolle ein, indem er vermittelt, was gewusst werden soll. Der Aufbau einer solchen Unterrichtsstunde setzt sich zusammen durch Wiederholung des aktuellen Wissenstandes, modellierte Inhaltsvermittlung, gelenktes und selbstständiges Üben, und wöchentliche, beziehungsweise monatliche Prüfung der Lernenden. Die Wiederholung dient der Aktivierung des Vorwissens, an welches man dann neue Informationen anknüpfen kann und wird durch eine Fragerunde über die letzte Stunde oder über das Besprechen der Hausaufgabe vollzogen. Wichtig beim nächsten Punkt, der modellierten Inhaltsvermittlung, ist, dass man kurz und knapp verdeutlicht, um was es sich beim nächsten Thema handelt und welche Ziele erreicht werden sollen, damit Motivation und Interesse der Lernenden hervorgerufen werden. Gleichzeitig sollen während der Stoffvermittlung immer wieder Fragen an die Lernenden gestellt werden – einerseits zur Überprüfung der Aufmerksamkeit der Lernenden, und andererseits zur Prüfung der Verständlichkeit. Nachdem die Schüler, beziehungsweise die Schülerinnen, durch Anleitung einige Übungen erledigt haben, sollen sie nach und nach selbstständiger arbeiten. Die Effektivität der Stoffvermittlung sollte dann in einem anschließenden Test geprüft werden. Unerlässlich in der direkten Instruktion ist das Feedback. Durch Rückmeldung des Lehrenden werden falsche Antworten korrigiert, unsichere Aussagen stabilisiert und richtige Meldungen belohnt. Pauschal betrachtet, trägt der Lehrende die Hauptverantwortung über den Erfolg seiner Schüler, da er die Lernaktivitäten plant und steuert. Daher reden Reinmann-Rothmeier und Mandl (2001) vom *Primat der Instruktion* (vgl. Hasselhorn und Gold, 2006, S. 241ff.).

2.2 Entdeckenlassendes Lehren

Die Theorie des entdeckenlassenden Lehrens stellt eine Antithese zur direkten Instruktion dar, und zwar handelt es sich eher um eine indirekte Art Wissen zu vermitteln, weil die Lernenden selbstgesteuert arbeiten. Essentiell ist auch hier, dass das Vorwissen aktiviert wird, nicht damit die neue, vermittelte Informationsflut daran angeknüpft werden kann, sondern, um den Lernenden einen Anstoß zu geben, auf was sie sich konzentrieren und von was sie sich inspirieren lassen sollen. Die Idee, die hinter dem entdeckenlassenden Lehren und dem entdecken-den Lernen steht ist, dass persönlich angeeignetes Wissen um einiges leichter und länger abrufbar ist. Die Unterrichtsplanung ist keineswegs einfach, denn der Lehrende muss sich bewusst machen auf welchem Niveau sich seine Schüler und Schülerinnen derzeitig befinden und Forderung adäquat für entdeckendes Lernen ist. Außerdem muss er planen, mit welchen Mitteln er die Lernenden unterstützen kann ohne zu viel zu verraten und ohne der Motivation der Lernenden zu schaden (vgl. Hasselhorn und Gold, 2006, S. 262ff.).

Nachdem erläutert wurde, was man unter den verschiedenen Theorien zu ver-stehen hat, werden nun deren Privilegien und Defizite kurz zusammengefasst.

2.3 Direkter Vergleich der Vor- und Nachteile

Jede dieser beiden Lehrperspektiven hat ihre Privilegien und ihre Defizite. Wäh-rend in der indirekten Instruktion der zu lernende Wissensbestand von einer Lehr-kraft vorstrukturiert, dargelegt und demonstriert wird, haben die Lernenden im entdeckenden Lernen die Aufgabe selbstständig herauszufinden, wie man zur Auf-lösung des Problems gelangt. So ist der Verdienst der ersteren Ansicht der, dass ein größeres Kontingent an Wissen in kürzerer Zeit vermittelt werden kann, wäh-renddessen der Mangel darin besteht, dass es auch bloß zum qualitativen Wissens-ausgleich führt, wenn die Lernenden den Leitgedanken des Lehrenden bis zum Re-sultat nachvollziehen können und nicht einfach blind nachahmen. Gleichzeitig hat die Ansicht des Entdeckenlassenden Lehrens zur Annehmlichkeit, dass die lernen-den Personen ihr Wissen selbst konstruieren und sich somit in die Lösung des Pro-blems hineindenken. Die Kehrseite, laut Ausubel beispielsweise, bildet sich jedoch aus dem Verlust an Qualität, als auch Quantität des Wissens, da man sich auf dem Weg zur Lösung öfters irrt. Diese unumgängliche Fehler ziehen eine Verzögerung und das Risiko von Fehlinformationen nach sich (vgl. Hasselhorn und Gold, 2006, S. 266ff.). Also ist auch diese Perspektive nicht für jeden Lerncharakter optimal.

Demgemäß kommt man zu dem Punkt, dass man eine Mischform beider Theorien anwenden sollte, denn bekanntlich besitzt jedes Individuum das Bestreben seine Bedürfnisse zu stillen und das schon ab dem zweiten Lebensjahr. Mit anderen Worten, ist das Begünstigen des selbstgesteuerten Ichs einer jeden Person tendenziell bedeutsam (vgl. Schenk-Danzinger, 2002, S. 49ff.).

3. Die Harmonie zwischen Instruktion und Entdeckung – ein Lösungsvorschlag

Jedoch stellt sich einem nun die Frage, wie Instruktion und Entdeckenlassen harmonisch proportioniert werden können. Um diesem Problem entgegenzusteuern, ist es denkbar Wygotskis Bekenntnis der proximalen Entwicklung herzuleiten.

3.1 Wygotskis Theorie der Zone der proximalen Entwicklung

Wygotski orientiert sich in seiner Theorie an der Art und Weise wie ein Kind von den Eltern erzogen wird und wie es sich dabei die nötigen Fähigkeiten aneignet. Die Mutter steht dem Kind immer zur Verfügung, indem sie dem Kind hilft sich im Alltag zu Recht zu finden und die Umwelt zu verstehen. Wenn das Kind zu laufen beginnt, ist die Mutter anfangs immer in seiner Nähe, weil es erst noch den Halt der Mutter benötigt, später dann, da die Wahrscheinlichkeit zu fallen noch zu riskant ist. Nach und nach kann die Mutter ihr Kind beruhigt laufen lassen. Weiß das Kind an einem Punkt nicht mehr weiter, kann es seine Mutter um Rat fragen.

> Der kompetentere Erwachsene baut auf die Fähigkeiten auf, über die das Kind bereits verfügt, und konfrontiert es mit Aktivitäten, die ein Kompetenzniveau erfordern, das etwas über dem aktuellen Fähigkeitsstand des Kindes liegt.
>
> [Miller, 1993, S.348]

In der kontexttheoretischen Perspektive steht der Prozess der Veränderung im Vordergrund und nicht das Ergebnis. Ein Ergebnis gibt es so gesehen nicht, da man immer weiter auf seine Fähigkeiten und Fertigkeiten aufbauen kann (vgl. Miller, 1993, S. 349). So kann man hier von einer gelenkten Partizipation sprechen, dessen Effizienz Freund (1990) an einer Untersuchung von Drei- und Fünfjährigen unternommen hat. Die Aufgabe, die durch den Versuchsleiter an die Kinder weitergegeben wurde, bestand darin, ein Puppenhaus zu möblieren, indem sie die Möbel den richtigen Räumen zuordnen. Freund teilte die Testpersonen in zwei Gruppen auf: eine Gruppe wurde von ihren Müttern betreut und die andere Hälfte war auf sich alleine gestellt, bekam im Anschluss jedoch Feedback vom Versuchsleiter. Den Müttern wurde verständlich gemacht, dass sie ihre Kinder zwar unterstützen, aber nicht instruieren dürfen, d.h. sie sollten die Gedankengänge der Kinder lenken und nicht vorzeichnen. Beispielsweise sollten sie lenkende Fragen stellen – "wo steht der Esstisch bei uns?" – wenn sie bemerkten, dass das Kind einen Fehlgriff aufzeigt oder einen Denkanstoß benötigt. Anschließend folgte ein Nachtest mit einer ähnlichen Problematik. Hier zeigte sich, dass die Kinder, die davor von ihren Müttern betreut wurden, den anderen Kindern überlegen waren (vgl. Miller, 1993, S. 366). Diese gelenkte Partizipation zeigt auch in der Schule eine wirkungsvolle Entwicklung der Schüler und der Schülerinnen, deren Position sich im Laufe der Zeit und Stück für Stück von der fragenden Instanz zur antwortenden Instanz verändert. Also muss auch hier der Lehrende eine ähnliche Rolle wie die Mutter einnehmen, und zwar eine Rolle, die allmählich an Gewicht verliert, während der Lernende immer selbstgesteuerter agiert. Durch Aufforderungen, Hinweise, Erklärungen, Leitfragen, Diskussionen, gemeinsame Beteiligung, positive Förderung, durch das Vormachen und durch das Kontrollieren der Aufmerksamkeit des Lernenden soll der Lehrende für die angeforderten Lernaktivitäten sorgen (vgl. Miller, 1993, S. 348ff.). Die lehrenden Personen müssen also umdenken.

3.2 Die Rolle des Lehrenden

Es gilt also die Rolle der Lehrkraft in der Mischform von induktivem und entdeckenlassendem Lehren zu definieren: "Wie kann ein Mensch in einem anderen Lernprozesse in Gang setzen?" (Aebli, 1987, S. 50). Schnell tendiert man zu der Antwort, dass die Unterrichtsstunde interessant gestaltet sein muss. Doch was versteht man unter einem *interessanten* Unterricht? Um diese Frage beantworten zu können, sollte man einen Blick auf andere Lernsituationen werfen, die den Menschen in der Regel Spaß machen, wie zum Beispiel Fußball spielen, Autofahren, ein Instrument beherrschen, usw. All dies regt unsere Aufmerksamkeit, erhöht unsere Motivation, all dies interessiert uns, weil all dies auf unsere Fragen und Bedürfnisse eingeht. In Wygotskis Worten ist für den Menschen interessant, was sich auf dessen nächster Entwicklungsstufe befindet. Damit der Lehrende nun nicht zu instruktiv und nicht zu viel entdeckenlassend unterrichtet, muss er sich bewusst sein, dass in einem Menschen nicht nur ein einziger Prozess der Entwicklung stattfindet, vielmehr handelt es sich dabei um eine ganze Baustätte an Wissenskonstruktionen, was wiederum impliziert, dass nicht jeder Schüler oder jede Schülerin sich das gleiche aus einer Unterrichtsstunde mitnimmt, aber dass ganz persönliche Wissenskonstruktionen in jedem einzelnen entstehen (vgl. Aebli, 1987, S. 50ff.).

> Im Unterricht wird der Lehrer einesteils dem Stand des gedanklichen Repertoires des Kindes und des Jugendlichen Rechnung tragen und andernteils darauf achten, dieses zu bereichern, beweglich und zusammenhängende zu machen.
>
> [Aebli, 1983, S. 49]

Es ist sehr wichtig, dass der Lehrende diesen Punkt, sich auf das Niveau der Zielgruppe "herunterzulassen", nicht falsch versteht. Gegenüber den Schülern und Schülerinnen ist und bleibt er die Autoritäts- und Respektsperson. Er soll seine Stimme nicht auf kindliche Art und Weise heben, oder seine Wortwahl dem jugendlichen Stil anpassen, sondern das, was er vermitteln will grundlegend zuschneiden, sodass es seiner Zielgruppe möglich ist durchzublicken (Aebli, 1983, S. 58).

4. Zusammenfassung

Nach der Feststellung, dass nicht *die* eine unbestreitbare Lehrtheorie waltet, und dass man sich deswegen auch nicht auf eine Art und Weise zu unterrichten beharren sollte, wurden zwei differierende Perspektiven genauer angeschaut: eine eher übliche Unterrichtsweise – die direkte Instruktion – und eine eher nicht geläufige, jedoch in der Theorie annehmbar klingende Form der Wissensvermittlung – das entdeckenlassende Lehren. Zumal auch diese Lehrprofile nicht für jede Persönlichkeit ideal sind, wurden die Vor- und Nachteile nebeneinander gestellt. In der Folge des Zusammentragens der guten Eigenschaften und mit Hilfe Wygotskis Lehrsatz der Zone der proximalen Entwicklung bei Menschen, haben wurde eine Mischform entwickelt.

Das Positive der direkten Instruktion verkörpert das Akkumulieren des Lernstoffs durch eine erfahrene Person und dessen sichere und strukturierte Vermittlung. Indessen das entdeckenlassende Lehren den Lernenden zwingt sich selbst Gedanken zu einem bestimmten Thema zu machen, die Logik zu erfassen und das Vertiefen des neuen Wissensbestandes durch Leibhaftiges urteilt.

Dem hat zur Folge, dass die Rolle der Lehrkraft sich verändern muss. Sein Arbeitsfeld steuert zum Teil auf eine psychologische Funktion zu, denn er muss seine Zielgruppe analysieren, um deren aktuelle Entwicklungsstufe zu ermitteln. Nur wenn ihm das annähernd gelingt, schafft er es, seine Zielgruppe zu motivieren und effektiv zu unterrichten. Abgesehen davon, dass er sich mit seinen Schülern und Schülerinnen und deren Vorwissen vertraut machen muss, ist er verpflichtet teilweise mehr auf die einzelnen Lernenden einzugehen als in der direkten Instruktion. Wie schon in Absatz 3.2. erwähnt wurde, nimmt nicht jeder das gleiche aus einer Unterrichtsstunde mit und die Wissenskonstruktion kann man sich nicht wie eine einzige Baustelle vorstellen, sondern vielmehr wie ein ganzer Bauplatz auf dem nicht eins nach dem anderen errichtet wird. In dem Sinne muss der Lehrende seine Unterrichtsklasse kennen lernen und die Wissensvermittlung auf deren Entwicklungsniveau fundamental ausrichten.

Diese neue Figur der lehrenden Person beantragt viel Zeit und Geduld, um seine Funktion als Vermittler von Wissen effektiv zu erfüllen. Nach meiner Ansicht, liegt das Hauptproblem an der viel zu oft vorkommenden Trägheit der Lehrkräfte. Ich persönlich – und hiermit beschreibe ich die Situation in Luxemburg – kenne viele Lehrpersonen in Schulen, oder angehende Lehrer/innen, welche die Entscheidung zu diesem Beruf allein auf der Begründung der vielen Urlaubszeiten und dem zustehenden Lohn fällen. Deshalb plädiere ich für eine aussichtsvollere psychologische Ausbildung der Lehramtsstudierenden, in der man lernt, wie man sich mit einer relativ heterogenen Gruppe vertraut macht und deren Entwicklungsstand herausfindet. Denn auch wenn die davor angesprochenen Personen sich halbwegs gerne mit Kindern beschäftigen, bleibt es meiner Meinung nach keinem erspart sich diese Fähigkeit der Analyse anzueignen.

Abschließend möchte ich noch was zu der in Absatz 3.2. angesprochenen Bemerkung, dass man mehr auf die einzelnen Lernenden eingehen soll, äußern. Denn auch, wenn das vorerst wieder nach großer Zeitbeanspruchung klingt und dadurch auch nach Quantitätsverlust des Wissenskomplexes, muss ich an dieser Stelle kenntlich machen, dass in Luxemburg, beispielsweise, immer mehr auf Teamteaching in Schulen verwiesen wird, was der in dieser Arbeit vorgestellten Mischform induktivem und entdeckenlassendem Lehren die Möglichkeit bietet sich zu entfalten.

Literaturverzeichnis

Aebli, H. (1983): *Zwölf Grundformen des Lehrens* (10. Auflage). Stuttgart: Klett-Cotta.

Aebli, H. (1987): *Grundlagen des Lehrens.* Stuttgart: Klett-Cotta.

Freund, L. S. (1990): *Maternal Regulation of Children's Problem-Solving Behavior and its Impact on Children's Performance.* In: *Child Development* 61, S. 113-126.

Hasselhorn und Gold (2006): *Pädagogische Psychologie. Erfolgreiches Lernen und Lehren* (2. Auflage). Stuttgart: Kohlhammer.

Miller, Patricia H. (1993): *Theorien der Entwicklungspsychologie* (3. Auflage). Heidelberg, Berlin, Oxford : Spektrum Akademischer Verlag GmbH.

Schenk-Danzinger, Lotte (2002): *Entwicklungspsychologie.* Wien: öbv.

Lightning Source UK Ltd.
Milton Keynes UK
UKRC010255060819
347460UK00005B/46

9 783668 298149